AF295698

MÉMOIRE

SUR LA VIE ET LES OUVRAGES

DE FEU

M. L'ABBÉ FRANÇOIS-PHILIPPE

MÉSENGUY,

Acolythe du Diocèse de Beauvais.

[Memoria Justi cum laudibus : & nomen Impiorum putrescet —*La mémoire du Juste sera accompagnée de louanges : & le nom des Impies pourrira comme eux. Prov. x. 7.*]

(par l'abbé Lequeux)

MDCCLXIII.

MÉMOIRE

Sur la Vie & les Ouvrages de M. l'Abbé
MÉSENGUY.

L'ARDEUR avec laquelle on a ſaiſi le *Mémoire*, tout abrégé qu'il eſt, imprimé à la tête *du Catalogue des Livres de feû M. l'Abbé Méſenguy*, eſt une preuve bien ſenſible de l'eſti-me univerſelle que ce reſpectable Eccléſiaſtique s'étoit acquiſe, autant par ſa modeſtie que par ſes talens. C'eſt ce qui nous engage à diſtribuer ce Mémoire à part, pour ſatisfaire l'empreſ-ſement d'une multitude de perſonnes de tout état, qui veulent avoir ſous les yeux au moins les principaux traits d'une vie ſi édifiante & ſi bien remplie. Nous eſpérons que ce Mémoire, dreſſé d'après les papiers de M. Méſenguy même, pourra mettre ſur la voie les perſonnes qui ont eu l'avantage de le connoître plus particuliérement, & les inviter à nous communiquer tout ce qui peut contribuer à compoſer une Hiſtoire complette, qui ne peut man-quer d'être extrêmement intéreſſante, & par le détail des affaires auxquelles

il a eu part, & par la peinture des vertus qui l'ont fanctifié.

FRANÇOIS-PHILIPPE MÉSENGUY
naquit & fut baptifé le 22 Août 1677,
à Beauvais, fur la Paroiffe de S. Lau-
rent. Dieu lui donna pour pere un Ou-
vrier pauvre & obfcur, mais plein de
Religion, qui l'éleva avec foin. Il mon-
tra dès l'enfance un goût décidé pour
faire fes études. La Providence dont
M. Méfenguy a toujours admiré les
effets en fa faveur, & dont il fe difoit
l'enfant, lui en procura le moyen.
Ayant été reçu, à l'âge de huit ans,
Enfant de Chœur à la Paroiffe de S.
Sauveur de Beauvais, il demanda &
obtint d'être fubftitué en la place d'un
de fes camarades, fur qui devoit tom-
ber une fondation deftinée à faire étudier un des Enfans de chœur, & qui
n'en voulut pas profiter.

Le jeune Méfenguy commença donc
fes claffes en 1687, & les continua depuis la fixiéme jufqu'à une feconde
année de Rhétorique au Collége de la
Ville de Beauvais. En 1694, il fut
reçu au Collége des Trente-trois à
Paris, pour y faire fes cours de Phi-
lofophie & de Théologie. Ce fut à peu
près dans ce temps, qu'âgé de 17 ans,

v

il fut touché de l'Esprit de Dieu d'une manière particulière, le jour de la Pentecôte, pendant la récitation du *Veni Creator*, & qu'il entra avec une nouvelle ferveur, dans cette carriere de piété & de religion dont il ne s'est jamais écarté pendant le cours de sa vie.

Il fut assisté pour son entretien dans ses études au Collége des Trente-trois, par la charité de deux pieux Ecclésiastiques : l'un, le célébre M. Wallon de Beaupuis, fit la dépense nécessaire pour le faire passer Maître-ès-arts, après ses deux années de Philosophie ; & l'autre, M. du Tronchai, Chanoine de la Sainte-Chapelle, lui donnoit un écu par mois.

M. Méfenguy fut appellé, dans le mois de Septembre 1700, au Collége de la Ville de Beauvais, où il avoit fait ses humanités, pour y enseigner lui-même. Il y passa sept ans ; & régenta deux ans la Cinquiéme, un an la Seconde, & quatre ans la Rhétorique. Il avoit déja passé deux ans dans cette classe, lorsqu'on lui donna un Dimissoire pour recevoir à Paris les quatre Ordres mineurs au mois de Septembre 1705 : il avoit été tonsuré dès l'année 1691, après être sorti de Troisiéme.

En 1707, le Collége de la Ville de Beauvais ayant changé de Principal, M. Méfenguy revint à Paris, où la Providence l'adreffa à M. Rollin, alors Principal du Collége de Beauvais, qui lui donna l'infpection de la Chambre commune des Rhétoriciens, & l'affectiona toujours comme un Sujet très-précieux, fur-tout pour l'éducation de la jeuneffe.

M. Rollin ayant été obligé, par des ordres fupérieurs en 1712, de quitter le Collége, M. Méfenguy fuivit le fort de celui qu'il regardoit comme fon père & fon maître : deux ou trois mois après la fortie de M. Rollin, il quitta lui-même le Collége, & fe chargea de l'éducation particuliere de jeunes gens auprès de qui M. Rollin le plaça.

Au bout de trois ans, l'Abbé Méfenguy profita d'un temps de calme pour rentrer dans le Collége de Beauvais, dont M. Coffin étoit Principal. Celui-ci, qui fçavoit bien difcerner les Sujets propres à l'aider dans l'éducation de la jeuneffe, lui donna la place de Sous-principal, & le chargea de faire le Catéchifme aux grands Ecoliers, aux petits & aux domeftiques, outre les leçons de Géographie, qu'il donnoit chaque jour, après le dîner & après le souper. Quelques années après, M. Coffin déchargea en partie son Sous-principal; & après lui avoir ôté le détail trop embarassant du temporel, & s'être réservé l'instruction qui se faisoit les Dimanches & Fêtes aux grands Ecoliers, il laissa le soin des autres instructions entre les mains de M. Méfenguy, qui s'en acquitoit avec beaucoup de succès.

En 1727, un nouvel orage s'étant formé sur ce College, M. Méfenguy crut qu'en disparoissant pendant quelque temps, l'orage pourroit se calmer : mais, après être demeuré à la campagne depuis les vacances jusqu'au Carême 1728, voyant que toute la bonne volonté de M. Coffin n'étoit pas capable de le mettre à l'abri des poursuites de ses ennemis, il crut devoir se sacrifier lui-même pour le bien du Collége. Il se retira donc & remit entièrement son emploi entre les mains de M. le Principal.

La situation extérieure de notre pieux Eccléfiastique changea pour lors de face : il prit la résolution de vivre en particulier avec une niéce qu'il avoit fait élever avec soin sous ses yeux à Paris. Il passa quelques mois vis-à-vis le Collége de Beauvais, dans un petit logement dont M. Coffin, plein de reconnoissance des services qu'il en avoit reçus, payoit le loyer, & où, dit l'Abbé, *pour mettre son pauvre ménage en train*, il le fournissoit de pain & de vin. Ensuite M. Mésenguy loua une petite maison, rue neuve S. Etienne, dont la solitude & la proximité des Eglises lui procuroit la facilité de satisfaire à sa tendre piété. Il y entra au milieu d'Août 1730, & eut le bonheur d'y posséder des personnes du premier mérite ; entr'autres le célébre M. Boursier, à qui cette maison servit d'hospice & d'asyle pendant plusieurs années. En 1741, il fut obligé de quitter cette maison, & se logea dans la cour de l'Abbaye de Se Génevieve.

Pendant ces années, il composa les excellens Ouvrages dont nous parlerons plus bas, & rendit à la Paroisse de S. Etienne des services qui ont mis son nom en bénédiction dans cette Paroisse. Il l'édifioit par son assiduité aux Offices publics, & par le bon ordre qu'il mit dans les cérémonies ; & la nourrissoit par les instructions qu'il y faisoit

les Dimanches & les Fêtes après Vê-
pres, & qui attiroient en cette Eglise
un concours prodigieux de personnes
de tous les quartiers de Paris.

Le fameux P. Bouettin, en arrivant
dans cette Paroisse, inquiéta sans mé-
nagement M. Mésenguy, & plusieurs
autres Ecclésiastiques, qui avoient joui
de la confiance de ses Prédécesseurs.
M. Mésenguy prit alors la résolution
de quitter tout-à-fait Paris, dont les
rues d'ailleurs lui devenoient imprati-
cables, à cause de sa surdité qui au-
gmentoit de jour en jour. Il se fixa
donc en 1748 à S. Germain en Laye,
où il avoit déja un domicile pour la
belle saison. En s'y établissant, il re-
garda ce lieu comme le dernier campe-
ment de son pélerinage sur la terre, &
demanda à Dieu la grace de profiter
de cette retraite, & du peu de jours
qu'il croyoit avoir à vivre, pour achever sa pénitence & se préparer à l'é-
ternité. Son exil y a été cependant encore prolongé pendant un grand nombre d'années ; & sa patience y fut exer-
cée par des épreuves dont nous remet-
tons le détail intéressant à un autre
temps. Nous omettons aussi une multitude de circonstances qui ont accom-

pagné les événemens dont nous ne donnons presque que les époques.

En effet, tout ce que l'on vient de rapporter n'est que comme l'écorce d'une si belle vie. S'il étoit possible d'expofer ici toutes les vertus intérieures qui l'ont sanctifié, que n'aurions-nous pas à dire, de cette piété vive & tendre, de cet efprit de foi qui tenoit continuellement ce pieux Eccléfiaftique en la préfence de Dieu; de cette humilité, de cette modeftie, qui, au milieu de l'éclatante réputation par laquelle il étoit célebre dans tout l'univers Chrétien, le rendoit toujours petit & méprifable à fes propres yeux; de cette égalité d'ame, de cette douceur, de cette patience qui, dans les plus preffantes néceffités, entretenoient en lui une paix admirable, & une dépendance continuelle de la Providence! Que n'aurions-nous pas à dire, fur-tout de cette tendre compaffion qui le rendoit fi fenfible aux befoins des malheureux, lorfqu'il manquoit quelquefois lui-même des vêtemens les plus indifpenfables; de cette charité vraiment généreufe, qui le portoit à tout remuer & à tout entreprendre, pour procurer du fecours à ceux

qui en avoient befoin , jufqu'à fe fur-
charger lui-même , en comptant toujours fur les tréfors de la Providence !
Que n'aurions-nous pas à dire de fon
ardent amour pour l'Eglife , au fervice
de laquelle il a confacré toute fa vie &
tous fes talens , & à qui il s'efforçoit
fans ceffe de procurer des ouvriers
pour travailler à la vigne du Seigneur
chacun dans fa vocation ; de cette
droiture de cœur , de cette fage , mais
inflexible fermeté , qui dans les affaires
les plus délicates , ne lui permettoient
pas d'adopter jamais d'autres expé-
diens que ceux qui étoient entièrement
conformes à la juftice , à la vérité , à
la fincérité ; enfin de cette bonté , de
cette affabilité , de cette gaieté même
toute fpirituelle , qui donnoient un fi
facile accès auprès de lui , & rendoient
fa fociété tout à la fois fi édifiante & fi
délicieufe ? Ces prodiges de vertus
ont été caractérifés dans M. Méfenguy
par une multitude d'anecdotes particu-
lieres & de faits très-intéreffans , dont
il faut efpérer que le Public ne fera pas
privé.

Mais nous ne devons pas nous dif-
penfer de donner , autant qu'il eft
poffible , une notice exacte & fuivie

de tout ce qu'il a compofé jufqu'à fa mort, qui l'a trouvé, pour ainfi dire, les armes à la main, & toujours appliqué aux mêmes objets qui l'avoient occupé fi utilement pendant fa vie.

1°. Il eft étonnant que la plûpart des Dictionaires & des Journaux hiftoriques aient omis jufqu'à préfent de placer dans la lifte des Ouvrages de M. Méfenguy, le premier qui eft forti de fes mains, & qui ne lui fait certainement pas moins d'honneur que les autres. C'eft l'*Idée de la vie & de l'efprit de Meffire Nicolas Choart de Buzanval, Evêque & Comte de Beauvais,* avec un *Abrégé* de celle de *M. Hermant, Docteur de la Maifon & Société de Sorbonne, Chanoine de l'Eglife de Beauvais.* Ce volume parut, *in-12,* à *Paris,* en 1717, avec une Préface très-bien écrite, ainfi que les hiftoires qui la fuivent. L'Auteur fit éclater dès-lors ce bon goût qu'on a admiré depuis dans fes autres Ouvrages.

Nous ne manquerons pas dans une autre occafion, de donner deux Lettres fort curieufes écrites dans le tems, par rapport à cet Ouvrage; l'une par Me François-Honoré Antoine de Beauvillier de S. Agnan, qui tenoit alors le Siége Epifcopal de Beauvais: l'autre par M. Méfenguy , en réponfe à la précédente. Elles conftatent bien pofitivement l'une & l'autre , que celui dont nous parlons en eft véritablement Auteur , & que c'eft une pure illufion de prétendre le lui contefter.

2°. En 1729, parut la première Edition du *Nouveau Teftament avec des Notes* très-folides & fort judicieufes , auxquelles on n'a d'autres reproches à faire que de n'être pas auffi multipliées qu'il feroit à défirer. Il a été réimprimé plufieurs fois en 1 vol. *in*-12 , & en 2 ou 3 vol. d'un plus gros caractère, toujours revu & perfectionné par l'Auteur. On en difpofe actuellement une nouvelle Edition fur les dernières corrections qu'il avoit faites dans l'exemplaire qui s'eft trouvé après fa mort.

3°. M. Méfenguy avoit commencé dans le même-temps à compofer les *Vies des Saints pour tous les jours de l'année* , & les avoit conduites jufqu'au 12 Mars , jour auquel tombe , felon le Martyrologe , la Fête du Pape S. Grégoire le-Grand. Mais , fur les inftances de M. Rollin , il interrompit ce travail pour fe mettre à celui dont nous allons parler. M. l'Abbé Goujet , Chanoine de S. Jacques de l'Hôpital , continua l'Ouvrage ; & ces Vies furent imprimées d'abord en 7 vol. *in-12*, puis en 2 vol. *in-4°*. 1730. On trouve à la fin de ces *Vies* un Ouvrage solide & très-édifiant fur les *Fêtes mobiles*, (qui a été auffi vendu féparément,) auquel M. Méfenguy avoit travaillé avec M. Goujet.

4°. M. Rollin ayant lu & examiné avec foin une partie de l'*Abrégé de l'Hiftoire de l'Ancien Teftament*, que M. Méfenguy avoit dreffé d'abord pour les lecons d'Hiftoire fainte qu'il faifoit au Collége de Béauvais, en fut fi fatisfait, qu'il obligea M. Méfenguy à quitter tout pour achever l'exécution de ce plan. C'eft ce qu'il fit en joignant à l'hiftoire, des extraits des Livres Sapientiaux & des Livres Prophétiques. La feconde Edition de cet Ouvrage ne tarda pas à paroître, avec des additions confidérables, & des notes dans le même goût que celles du Nouveau Teftament. Cet Ouvrage n'a pas ceffé d'être diftribué jufqu'à préfent avec un fuccès prodigieux : & M. Méfenguy, qui brûloit d'ardeur pour l'inftruction des Fideles, y a encore travaillé depuis à plufieurs reprifes pour le rendre plus utile, & pour en faciliter le débit dans les Ecoles, en l'abrégeant autant qu'il étoit possible de le faire.

5°. Ce fut encore à la persuasion de M. Rollin, qu'il entreprit sur le même fonds un travail beaucoup plus étendu & qui a été admiré de tout le monde : c'est l'*Abrégé de l'Ancien Testament, avec des éclaircissemens & des réflexions.* Cet Ouvrage, qui comprend 10 volumes *in*-12 bien remplis, a été achevé dans le cours de quelques années. La publication des volumes qui le composent, auroit été plus prompte, sans des contretemps dont l'Auteur n'étoit ni maître ni responsable, & dont nous rendrons compte ailleurs.

6°. Depuis l'année 1735, que M. de Vintimile, Archevêque de Paris, fit travailler à de nouveaux Livres d'Offices pour son Diocèse, M. Méfenguy, en qui l'on connoissoit des talens supérieurs en ce genre, fut extrêmement occupé à ce sujet. Il n'eut pas cependant beaucoup de part à la première Edition du Bréviaire de Paris, dont on précipita la publication pour prévenir la mauvaise humeur de ceux qui vouloient l'empêcher. Mais il eut beaucoup de part aux Ecrits qui furent faits dans le temps pour repousser les attaques qu'on fit de différens côtés contre les nouveaux Bréviaires. Quelques-uns de ces Ecrits ont été imprimés. Comme on n'avoit pu profiter des lumières & du bon goût de M. Méfenguy pour la compofition du Bréviaire, il fut chargé par M. de Vintimille de revoir & de corriger la première Edition, pour en difposer une autre, qui a été exécutée en 1745, *in*-8°. & *in*-12, & qui eft en effet beaucoup plus parfaite que les précédentes.

7°. M. Méfenguy a eu la principale part à la compofition du nouveau *Miffel de Paris*, pour ne pas dire qu'elle eft prefque entièrement de lui. Il fut publié en 1738 : & ce travail procura à notre Auteur de la part de M. l'Archevêque, flatté de l'honneur que ce Miffel lui faifoit, des témoignages d'eftime & de reconnoiffance, qui furent également honorables & au Prélat qui les donnoit, & à l'humble Eccléfiaftique qui les recevoit.

8°. M. Méfenguy eft auteur en entier du *Proceffional de Paris*, & même du plain-chant qu'il renferme. Ce Proceffional parut en 1739.

9°. M. Méfenguy a fait auffi le *chant des Offices propres au Dioçèfe de Mont-*

pellier, & du *Supplément au Missel*, que M. Colbert publia en 1736. Ce grand Evêque l'en remercia par une Lettre pleine d'assurance de son estime. Notre Abbé fut aussi consulté pour le nouveau Breviaire & le nouveau Missel de Beauvais. Le récit de ce qui a rapport à la composition & à la publication de tous ces Ouvrages Liturgiques seroit trop long pour l'insérer ici : mais il est trop curieux pour ne pas trouver sa place ailleurs.

10°. L'Ouvrage de M. Méfenguy qui a eu le plus d'éclat, est l'*Exposition de la Doctrine Chrétienne*. Il doit sa naissance aux cahiers que M. Méfenguy avoit disposés pour l'instruction des Ecoliers du Collége de Beauvais. Quand M. Coffin se chargea des instructions qui se faisoient les Dimanches & les Fêtes dans la Chapelle, il demanda à M. Méfenguy ses cahiers. Mais, comme ils étoient extrêmement abrégés, & ne formoient que des canevas, où il y avoit bien des vuides que l'Auteur seul pouvoit suppléer, ils n'étoient presque d'aucun secours à M. Coffin. C'est pourquoi M. Méfenguy, afin de l'obliger & de le soulager, entreprit de revoir ses cahiers, & d'en remplir tous les vuides. C'eſt ainſi que s'eſt formé peu à peu l'Ouvrage de l'*Expoſition*, &c. qu'il remania depuis, & qui parut pour la premiere fois en 1744, en 6 vol. *in*-12. Il y en a eu pluſieurs autres Editions avec des ad-ditions & des changemens conſidéra-bles. Celle de 1754, en 4 vol. *in*-12 petit caractere, a été ſuivie de deux autres, dont l'une eſt *in*-4°. L'Expo-ſition a été auſſi traduite & imprimée dans les pays étrangers. M. Méſenguy qui ne ceſſoit de louer Dieu de la bé-nédiction qu'il donnoit à cet Ouvrage, n'a pas diſcontinué juſqu'à ſa mort de s'appliquer à le perfectionner, & d'y faire toutes les corrections que ſon bon goût & ſa délicateſſe lui faiſoit juger convenables.

Les attaques de l'envie & de la ma-lignité contre cet excellent Ouvrage, engagèrent M. Méſenguy à faire beau-coup de démarches, & à compoſer quelques Ecrits pleins de lumières & d'onction, pour le défendre & pour ſe juſtifier; ſur-tout quand il ſçut qu'on vouloit le faire condamner à Rome, & qu'on y avoit réuſſi. Il n'a paru juſ-qu'à préſent de ces Ecrits, qu'une *Let-tre au Pape* en latin & en françois, du

8 Avril 1761 , par laquelle M. Méſenguy demandoit d'être entendu & d'a-
voir communication des griefs formés
contre lui & contre ſon Livre.

11°. M. Méſenguy, affligé des pro-
grès de l'incrédulité , & ne voulant pas
multiplier le nombre des Ouvrages qui
la combattent , fit réimprimer à part
en un petit vol. *in-12*, qui parut en
1760, les *Entretiens* placés à la tête &
à la fin de ſon *Expoſition*. Il crut ce
Recueil utile aux Fidèles ,qui ne peu-
vent lire des livres trop étendus ou
trop profonds ; & propre à les affermir
dans l'amour de la Religion, à les con-
vaincre de la néceffité de l'étudier , &
à leur en procurer les moyens.

12°. Il fit auffi réimprimer en 1760,
avec beaucoup d'augmentations &
dans un ordre plus commode, des *Exer-*
cices de piété tirés de l'Ecriture-ſainte &
des Prières de l'Egliſe, qu'il avoit d'a-
bord dreffés pour le Collége de Beauvais , dans le deſir d'inſpirer à la jeuneffe chrétienne qu'on y élevoit , l'a-
mour de l'Ecriture-ſainte , & le goût
des prieres & des pratiques de l'Egliſe.
Ce petit Livre fuffiroit ſeul pour donner une juſte idée des lumieres & de la
piété de M. Méſenguy.

Quoique le détail qu'on vient de faire, présente beaucoup de travail, on sent bien qu'un Ecclésiastique aussi zélé que celui dont nous parlons, ne s'est pas borné, pendant une si longue carrière, aux occupations dont nous venons d'exposer les fruits. En effet, il est certain qu'il a eu part à beaucoup d'autres Ouvrages, en particulier pour la défense de l'Université, qu'il regardoit comme sa Mère. On lui en attribue même en entier quelques-uns. Il a composé aussi plusieurs *Mémoires*, *Réflexions*, *Remarques*, *Lettres*, *&c.* sur les divers événemens qui se passoient sous ses yeux dans l'Eglise. Quelques-uns de ces Ecrits ont été imprimés en différens temps. De ce nombre sont, 1°. Cinq *Lettres à un ami sur la Constitution* Unigenitus : 2°. *La Constitution* Unigenitus, *adressée à un Laïc, avec des remarques, & l'Acte d'Appel des IV. Evêques, &c.* Ce dernier Ecrit imprimé dès 1748, a été encore revû par l'Auteur avant sa mort ; & il en a laissé un exemplaire corrigé de sa main, avec des changemens considérables.

M. Méfenguy étoit d'ailleurs en relation avec une multitude de personnes, à qui il ne refusoit jusqu'aux derniers tems de fa vie aucun des fecours qu'il pouvoit donner , foit de vive voix, foit par écrit. L'eftime qu'on faifoit de fes lumières & de fes talens, lui attiroit de toutes parts des confultations fur le Dogme , la Morale , la Difcipline, la Liturgie, & fur des régles particulières de conduite, auxquelles il répondoit exaĉtement avec autant de folidité que de modeftie.

Des jours fi pleins fembloient n'avoir plus befoin que d'être couronnés par une mort précieufe aux yeux du Seigneur. Ce refpeĉtable Vieillard , quoique plein de vigueur & dans le corps & dans l'efprit , eut comme des efpéces de preffentimens que fa fin approchoit. Cette penfée cependant ne lui fit rien perdre de la douceur & de l'enjouement de fon caraĉtère , ni de fon aĉtivité pour l'étude & pour le travail. On a des Lettres de lui , écrites peu de temps avant fa dernière maladie, qui font toutes marquées au même coin que celles qu'il pouvoit écrire dans la force de fon âge. Enfin, le Samedi 29 Janvier 1763 , il fut frappé d'apoplexie, accompagnée d'une fiévre violente , qui fe déclara bien-tôt fiévre putride. Les foulagemens qu'on lui procura à propos , le mirent en état d'être adminiſtré la nuit du Dimanche au Lundi ſuivant. Il y avoit encore tant de force dans ſon tempérament , malgré ſon grand âge, qu'on ſe flatta à différentes fois qu'il prendroit le deſſus. Le malade s'affligeoit de ces lueurs d'eſpérance qui ſembloient annoncer la prolongation de ſon exil ſur la terre. Dieu enfin exauça la foi qu'il lui avoit donnée. Après vingt-deux jours d'une maladie douloureuſe , il l'appella à lui le 19 Février ſur les dix heures du ſoir, âgé de 85 ans 6 mois. Les cœurs vraiment François , n'oublieront jamais ce qui a retenti par-tout , c'eſt-à-dire , la bonté avec laquelle le Roi a témoigné s'intéreſſer pour ce fidele Sujet, qui a fait honneur à ſon régné déja ſi glorieux par tant d'autres endroits. Toutes les circonſtances de la maladie & de la mort de ce pieux Eccléſiaſtique, & les ſentimens religieux avec leſquels il a ſupporté l'une & accepté l'autre , méritent bien un détail qu'il ſeroit injuſte d'enſevelir dans le ſilence & dans l'oubli.

F I N.

www.ingramcontent.com/pod-product-compliance
Ingram Content Group UK Ltd.
Pitfield, Milton Keynes, MK11 3LW, UK
UKHW020114100726
13658UKWH00005B/2163